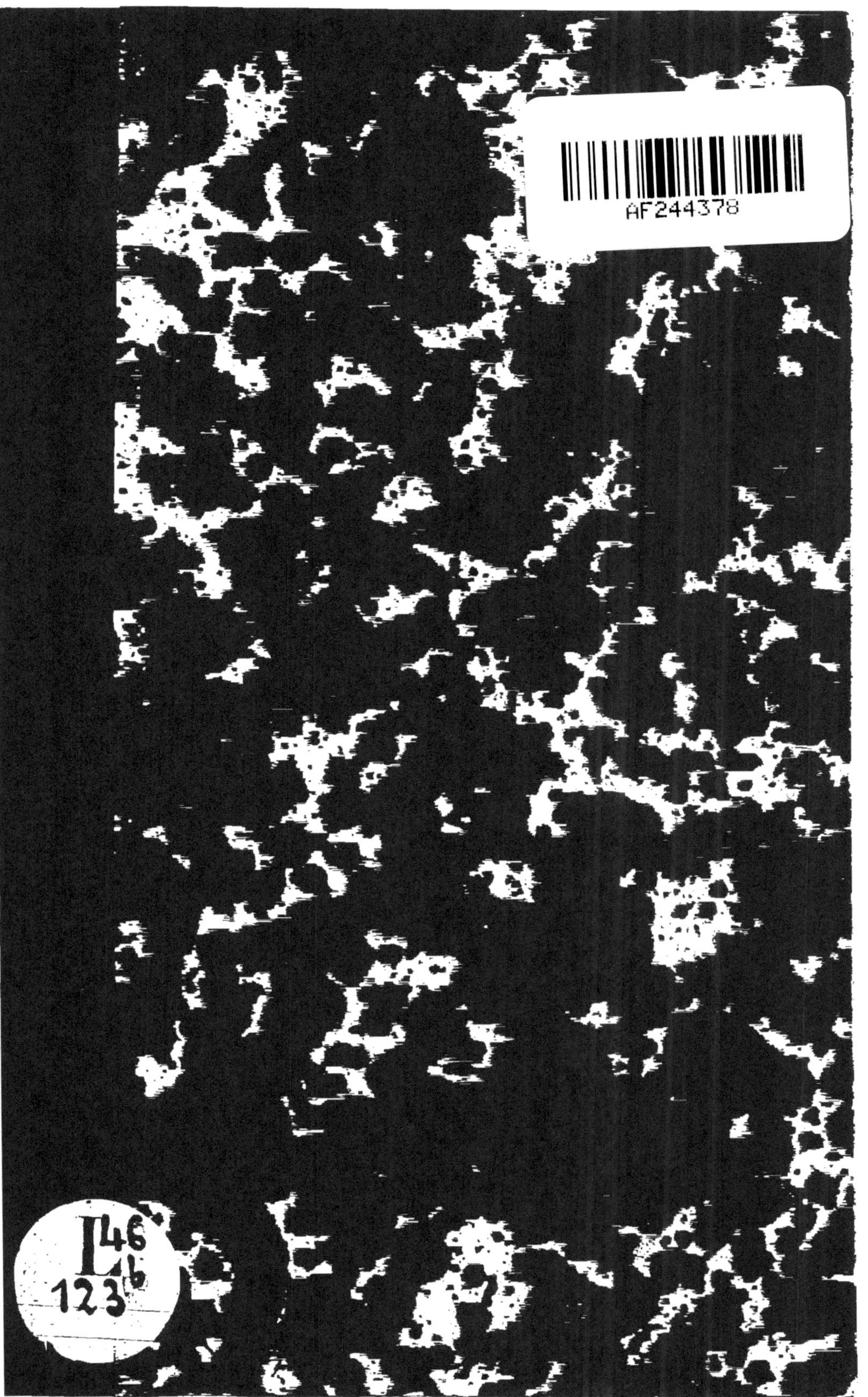
AF244378

LES HYPOTHÈSES.

LES HYPOTHÈSES,

PETIT CHAPITRE

SUR

UNE GRANDE QUESTION.

Par M. D..... (de Rennes).

A PARIS,

F. BECHET, libraire, quai des Augustins, n° 63.
CHARLES, imprimeur, rue Thionville, n°. 36.

Avril 1815.

AVERTISSEMENT.

Cette brochure impromptu à laquelle je compte , dans peu de jours,
donner une suite, n'est que le chapi-
tre premier d'un travail beaucoup plus
étendu que j'avais préparé sur cette
importante matière. Mais dans les circonstances difficiles où nous nous trou-
vons, je crois qu'il est du devoir de
chaque citoyen de chercher à corro-
borer le plutôt possible, et autant
qu'il est en lui, une opinion qui
malheureusement cessa pendant trop
long-temps d'être vraie, mais dont
la justesse doit être aujourd'hui plus
que jamais sentie : à savoir, que Napoléon est le seul homme qui puisse

encore une fois sauver la patrie prête à s'abîmer sous ses ruines.

Il s'en faut de beaucoup que ce travail, fait à la hâte, ait toute la correction convenable. Mais comme aujourd'hui il s'agit moins de phrases que de faits, je me consolerai de la faible opinion que j'aurai donnée de ma littérature, si je suis autorisé à penser que j'ai pu faire quelque bien.

LES HYPOTHÈSES,

PETIT CHAPITRE

SUR

UNE GRANDE QUESTION.

———

L'Europe vient d'être spectatrice d'une des
plus étonnantes révolutions qui aient encore
occupé les pages de l'histoire. Cette révolution
a un caractère si étrange, que, dans un siècle,
on la prendra pour une invention de l'abbé de
Vertot, ou pour un conte oriental, à la façon
des mille et une nuits, et imaginé pour l'ins-
truction des rois. Elle a cela de particulier,
que la singularité des événemens qui l'ont pro-
duite et caractérisée est telle que, pour les
peuples mêmes qui en ont été les témoins in-
téressés, elle est, et sera encore long-temps
une énigme dont peu de personnes pourront
deviner le secret.

Les journaux anglais, peu enthousiastes d'ailleurs, mais surtout quand il s'agit de prononcer sur des faits qui peuvent être glorieux à la nation française, ont parlé des succès prodigieux de Bonaparte, et de l'abandon simultané de la cause des Bourbons, comme d'une chose si inconcevable, qu'ils prétendent qu'à peine on trouve dans les romans des faits de cette nature, et qu'on aurait peine à y ajouter foi, s'il était raisonnablement permis d'en douter.

Toutes les puissances de l'Europe, instruites à temps de cette entreprise qui va encore une fois changer la face des affaires du continent, en ont été si stupéfaites, qu'elles n'ont même pas songé à prendre les mesures de fait que la prudence semblait leur prescrire dans cette circonstance. Au lieu d'agir, elles se sont occupées à rédiger de vaines déclarations, et sont restées dans l'attente de l'événement, comme si elles n'avaient pas connu les conséquences dont il pouvait être pour elles.

Nous-mêmes que les résultats d'une action si hardie devaient toucher de si près, nous sommes restés également immobiles d'admiration, et nous en avons attendu l'issue en silence. Placés pendant vingt jours entre la crainte et l'espérance, et n'osant encore nous flatter d'un succès qui nous paraissait impossible, nous n'avons eu que le temps de crier au miracle, sans avoir pu nous rendre compte des causes qui l'avaient pu produire.

En effet, les moyens d'assurer cette entreprise étaient-ils proportionnés à sa difficulté ? L'espoir de la réussite pouvait-il abuser un instant sur les obstacles qu'il fallait vaincre ? Il est vrai que Napoléon connaissait les bonnes dispositions d'une partie de la nation en sa faveur : mais la confiance que lui inspiraient ces dispositions l'autorisait-elle à penser que le parti qui lui était opposé, quoiqu'en minorité, ne suffirait pas pour comprimer la volonté du plus grand nombre, puisque ce parti avait pour chef le roi, et l'autorité qu'on était convenu de regarder comme la seule légalement constituée ?

Il devait donc craindre d'être arrêté tout d'abord, cet homme qu'on nous représentait comme un brigand ennemi de la nation. Et si par malheur il venait à éprouver un premier revers, (ce qui paraissait inévitable, vu la faiblesse de ses ressources pour s'assurer un premier succès,) comment pouvait-il se tirer d'un pas aussi périlleux ? Comment pouvait-il échapper aux vengeances d'un faible vainqueur qui avait si grand intérêt à le détruire, puisqu'il était le seul obstacle qui s'opposât à la plénitude d'un pouvoir qui jusques-là n'avait encore été que douteux ?

Mais le génie courageux ne se dirige guères d'après les calculs de la prudence humaine. Il voit le but; il y va tout droit, sans songer aux dangers qu'il faudra affronter pour l'atteindre, et c'est des circonstances mêmes où il se trouve placé, qu'il tire les moyens d'en sortir avec gloire.

Bonaparte partant de l'île d'Elbe avec six cents hommes, dans le dessein de se rasseoir sur un trône où le vœu de la nation l'avait placé dix ans auparavant, n'aurait conçu qu'un projet insensé, s'il n'y eût pas été rappelé par la même puissance d'opinion qui l'en avait fait un moment descendre. Cependant, il est vrai de dire que tout autre à sa place, quoiqu'avec les mêmes moyens de réussir, devait naturellement échouer dans une entreprise de ce genre. Sans doute, elle n'a été qu'un jeu pour son courage. Mais on dirait que c'est la Providence elle-même qui l'a protégée, ne voulant pas que notre malheureuse patrie fût plus long-temps humiliée par des nations qu'elle avait si souvent vaincues, ni que nous retombassions dans l'asservissement, nous qui avions mérité de commander à l'univers.

Et comment la France ne l'aurait-elle pas rappelé, cet homme qui, sorti de la foule, avait été seul capable de terminer une révolution qui avait ébranlé le globe, et d'écraser sous ses mains puissantes l'hydre sans cesse renaissante de l'anarchie? Comment ne l'aurait-elle pas rappelé, à l'instant où elle était menacée de perdre pour jamais le fruit de tant de victoires remportées sur le despotisme royal et religieux, ainsi que sur ses agens de servitude ?

Il est vrai qu'en élevant la patrie à l'apogée de sa puissance, il avait moins songé encore à assurer son bonheur, qu'à satisfaire sa propre ambition. Malheureusement trompé par des succès trop faciles, bientôt à de grandes fautes avaient succédé des revers inouis, qui, en détruisant d'un seul coup l'édifice colossal de son pouvoir, avaient anéanti pour jamais des desseins plus vastes encore.

Heureuse la France, si l'Europe entière, contente d'avoir reconquis sa liberté, s'était bornée à le forcer à demander la paix ! Mais altérée de vengeances, et secondée par les per-

fidies de quelques traîtres, comme par le mé-
contentement général qu'avait nécessairement
dû produire une longue suite de guerres qui
n'avaient jamais paru d'une utilité bien réelle,
elle forma le projet de nous anéantir comme
nation, en renversant du trône le même
homme dont peu de mois auparavant elle re-
cevait encore la loi, et en remettant à sa place
une dynastie proscrite et tombée dans l'avi-
lissement.

Rien n'était plus facile que l'exécution de ce
projet. Des légions innombrables inondaient
notre territoire ; la fleur de la population du
plus bel empire de l'univers avait été moisson-
née dans nos désastres, et il n'y avait plus de for-
tune publique. Napoléon ne pouvait plus soutenir une lutte devenue trop inégale, ni opposer d'armée aux armées ennemies ; il pouvait
se sauver par la guerre civile ; mais il dédaigna
ce moyen comme au-dessous de lui, et il ac-
cepta les propositions qui lui furent faites.

Ainsi la famille des Bourbons qui, depuis
vingt ans, avait perdu l'espoir de rentrer jamais
dans ce qu'elle appelait l'héritage de ses pères,
fut rappelée par ces étrangers une fois vainqueurs, comme pour se venger des précédentes

humiliations que la France leur avait fait endurer.

La force pouvait donc nous contraindre à recevoir momentanément le roi qu'ils voulaient nous donner; mais il n'était pas possible que nous le gardassions long-temps au milieu de nous, puisque, outre qu'il nous rappelait sans cesse la cause de sa puissance, il devait aussi nous inspirer des craintes qui n'auraient jamais cessé d'exister tant qu'il aurait eu entre ses mains le pouvoir de nous nuire.

Mais cette famille, qui ne devait qu'au hasard d'être remontée sur le trône, cette famille, d'un siècle au-dessous des temps où elle vivait, dut nécessairement nous épargner les maux qu'entraîne avec soi une révolution populaire qui a pour but la conquête de la liberté. Elle marcha de faute en faute, d'inconséquence en inconséquence; elle eut l'air de ne nous accorder que par grâce une constitution qu'elle était bien décidée à violer, quand son intérêt l'exigerait; et se laissant conduire par des ministres imbécilles et incapables de tenir le timon des affaires, elle foula aux pieds un peuple qui ne souffre pas qu'on l'offense, croyant ridiculement le ramener à cet état d'enfance, que vingt-cinq ans de révolution lui avaient assez fait quitter, et comprimer la raison publique dans les langes du préjugé.

Des idées vieillies furent ressuscitées; des institutions décrépites et qui n'étaient plus que l'objet du dédain, furent raccommodées à neuf: partout le trône se montra au-dessous du peuple qu'il voulait réduire à son niveau.

Les opérations du pouvoir furent dès lors censurées; la portion même la moins éclairée de la nation découvrit l'absurdité des principes dont elles étaient la conséquence. On aperçut dans la marche des affaires quelque chose de mal assuré qui montra dans tout son jour l'insuffisance du chef qui les dirigeait. Le peuple fatigué vit qu'on ne tendait qu'à l'écraser, et soupirait après sa délivrance.

Napoléon avait été long-temps égaré; mais le malheur avait dû lui donner des leçons, et en purgeant son génie de tout l'alliage qui s'y trouvait mêlé, il avait dû le rendre plus que jamais digne de commander à un peuple libre.

Pendant son exil, il avait été l'objet des plus atroces calomnies, des plus absurdes déclamations. Mais ces déclamations qui étaient, il est vrai, mêlées de quelques vérités terribles, loin de le décourager, ne firent, au contraire, que retremper son âme, en lui fournissant d'utiles instructions. Il sentit bientôt que la couronne de France était tombée en de trop faibles mains, et que lui seul était capable d'en supporter le fardeau. Alors il apprend les dispositions des esprits, et forme le projet de rendre encore à sa patrie son premier lustre, et, avec la faible garde qu'il avait emmenée avec lui pour sa sûreté, de reconquérir l'état que les circonstances lui avaient fait perdre.

On a dit dans la narration que l'on a faite de son voyage :

« L'Empereur instruit que le peuple en France » avait perdu tous ses droits acquis par vingt- » cinq années de combats et de victoires, et que » l'armée était attaquée dans sa gloire, résolut » de faire changer cet état de choses, de réta- » blir le trône impérial qui seul pouvait garan- » tir les droits de la nation, et de faire dis- » paraître ce trône royal que le peuple avait » proscrit, comme ne garantissant que les in- » térêts d'un petit nombre d'individus. »

Pour effectuer ce dessein, il s'embarque avec une poignée de braves, dont il connaît le dévouement, et résolu de périr avec eux, si son entreprise échoue. On s'attend peut-être qu'il va éprouver une grande résistance, on s'attend que le peuple va s'unir pour l'écraser.

Les folliculaires l'avaient annoncé à toute la France, en vomissant contre lui des torrens d'injures; il paraît certain qu'il n'aura pas fait un pas, qu'il aura cessé d'exister.

On se trompe : les peuples qui devaient lui opposer un rempart formidable, le reçoivent comme un libérateur qui vient les délivrer du joug odieux d'une oppression dont ils avaient déjà ressenti les effets, et sa marche n'est qu'un triomphe, depuis son entrée sur le territoire, jusques dans sa capitale. Les troupes que l'on envoie à son passage pour l'arrêter, arborent les couleurs nationales, et s'unissent à ses soldats. Tous les camps, tous les préparatifs qu'on a faits pour le même objet, deviennent inutiles, et ne sont plus que des monumens ridicules de la peur et du désespoir.

Malgré l'enthousiasme que l'impotente famille cherche à faire naître dans le cœur des Français, ses efforts sont vains, et chaque jour l'enfonce plus avant dans l'abîme. La confession solennelle de ses erreurs, loin de nous attendrir en sa faveur et de nous rallier à sa cause, ne nous paraît plus que l'aveu de la faiblesse, qui, ayant besoin de secours, se met à genoux pour les obtenir, mais avec l'arrière-pensée de faire payer bien cher ce bienfait à ceux dont elle l'a reçu, aussi-tôt que le danger aura cessé d'exister pour elle.

Les clameurs incendiaires de quelques écrivains à gages; les pamphlets horribles qu'on répand avec profusion parmi le peuple; les récompenses affreuses promises à ceux qui voudraient devenir des assassins, et apporteraient la tête de celui qu'Israël regardait comme un autre messie, les efforts qu'on fait pour allumer, dans diverses parties de la France, le flambeau des divisions intestines, tout est inutile; le voile est déchiré, les Bourbons se laissent voir à nu, et le ridicule qui dès ce moment s'attache à leurs personnes, les fait tomber bien plutôt encore que la force des armes. Tant il est vrai que l'opinion est la reine du monde, et qu'elle fait le destin des rois aussi bien que celui des particuliers.

Les fils de Hugues-Capet ont donc abandonné encore une fois une couronne qu'ils n'étaient plus dignes de porter, et que désormais ils ne ressaisiront jamais.

Jusqu'au jour que Napoléon avait marqué pour son entrée solennelle dans la capitale de l'Empire, le peuple de Paris avait été trompé, et nous le croyions encore dans Lyon, qu'il n'était déjà plus qu'à quelques lieues de nos murs.

Enfin l'évasion nocturne du roi **nous instruisit** d'une vérité dont on ne pouvait plus nous dérober la connaissance.

Alors le peuple qui apprend l'arrivée de Napoléon, se précipite sur son passage, en jetant des cris de joie qui ressemblaient à une sorte de délire. *A bas les nobles! A bas les castes privilégiées! Vivent la Patrie, l'Empereur et les idées libérales!* tels étaient les mots qu'il répétait sans cesse dans son enthousiasme.

Une circonstance remarquable qui caractérise les commencemens de cet événement, et qui mérite bien de trouver sa place dans l'histoire, c'est qu'on proposait à l'assemblée législative d'ériger l'assassinat en principe, à peu près à la même époque où M. de Bonald prêchait les mystères du pouvoir, et où le roi de France et de Navarre publiait une croisade générale, qui avait pour but d'exterminer six cents hommes, ou plutôt leur chef, qui avait ordonné lui-même de marcher droit à Paris sans tirer un coup de fusil.

Ainsi, Bonaparte plus grand mille fois que ce Henri IV, que les Bourbons semblaient regarder comme le seul homme qui pût faire honneur à leur dynastie, reconquit, sans répandre une goutte de sang, et en vingt jours, un royaume que le père de Louis XIII n'avait obtenu qu'en marchant sur les cadavres de ses sujets vaincus. Ainsi, il revint dans sa capitale, escorté d'un peuple immense qui bénissait le ciel de son retour, pour réparer les outrages que deux années de malheurs avaient fait supporter à une nation brave, et qui ne méritait pas d'être avilie. Louis-Stanislas-Xavier n'y était rentré peu de mois auparavant, que pour prolonger sa honte et lui ramener les temps féodaux.

Chacun fut donc alors remis dans le rang dont il n'aurait pas dû sortir. Bonaparte reprit son trône ; Louis XVIII ne fut plus que le comte de Lille, et repassa sur le territoire étranger, pour y solliciter encore la pitié pour lui, et des ennemis pour nous. Il fut accompagné dans sa fuite par une troupe de pirates, de Chouans (1) et d'autres hommes de cette espèce, qui, n'ayant plus l'espérance d'exercer, comme autrefois, leurs brigandages à la faveur des discordes civiles, sont allés chercher, dans les rangs ennemis, la mort et

---

(1) Je déclare que je n'entends point parler ici de la maison entière du roi, mais seulement des anciens Chouans qui avaient exercé leurs brigandages dans la Vendée, la Bretagne, etc.

le mépris réservés aux traîtres qui combattent leur patrie. Avant de partir, ils voulurent encore tenter de corrompre l'opinion ; mais partout on les repoussa comme des empoisonneurs dont on devait craindre jusqu'au souffle.

Cette révolution qui s'accomplit en dix-huit jours était désirée par tous les vrais patriotes : ses effets pour la prospérité de la France sont inappréciables, puisque celui qui l'a dirigée, a proclamé hautement que la souveraineté réside toute dans le peuple ; principe éternellement vrai, et qui, lorsqu'il est la base de la conduite d'un prince, doit certainement avoir pour résultat la gloire et le bonheur des gouvernés. Une nation constituée sur cette base doit être à jamais invincible, parce que l'étranger qui l'attaque ne fait plus la guerre au gouvernant, mais à elle-même, et que l'union qui résulte toujours de la nécessité de maintenir ses droits, lui donne la force de résister à toutes les attaques que l'on tenterait contre elle pour l'asservir.

Voilà l'énoncé des faits : maintenant il s'agit de démontrer que le gouvernement des Bourbons ne pouvait nous convenir sous quelque point de vue qu'on l'envisageât, et qu'il était aussi opposé à nos mœurs et à nos idées actuelles que le gouvernement du Grand-Seigneur.

Il est vrai que les royalistes purs qui croient sincèrement que la nation est faite pour le roi, et non le roi pour la nation, traiteront d'absurdes toutes mes opinions qui ne sont pas les leurs : mais ces gens ont perdu le sens, et je les renvoie aux ouvrages de M. de Bonald. J'avoue que je suis loin de me croire assez de force pour convertir des entêtés qui, au lieu de vous combattre avec des raisons, vous citent froidement l'apocalypse, et vous rient au nez, lorsque vous n'avez pas vu, dans ces visions, qu'on met si gratuitement sur le compte de saint Jean, la prédiction évidente de tout ce qui est arrivé depuis vingt-cinq ans en France ; comme aussi, la prophétie très-claire du prochain retour de S. M. Louis-le-Désiré, après sa déconvenue du 20 mars.

Au fond, je crois qu'il est assez inutile de prouver que Napoléon est aujourd'hui le seul chef qui nous convienne. La meilleure preuve que l'on puisse en donner, c'est que c'est l'opinion qui l'a fait remonter sur un trône auquel il ne semblait pas raisonnable qu'il pût aspirer désormais. Cet argument est plus concluant que tous ceux qu'on pourrait alléguer en faveur de cette assertion.

Les royalistes prétendent qu'il ne doit son succès qu'à la légèreté du peuple, qui crie tour à tour : *Vive le roi, vive la ligue !* Ils se trompent : ce ne sont point les mêmes personnes qui manifestent presque en même temps des sentimens si opposés. Quoi qu'on en dise, le peuple connaît bien ses intérêts, et ce qui lui est utile. Il ne les raisonne peut-être pas à la manière des publicistes, mais il les sent ; ce qui vaut mieux encore, parce que les raisonnemens égarent souvent la raison, et que l'instinct ne tombe pas du moins dans le paradoxe : *Vox populi, vox Dei.*

Au reste, on ne crie *vive le roi, vive la ligue !* qu'alternativement, suivant le succès de l'un ou l'autre parti. Mais de même que tous les bons esprits désiraient ardemment le retour du roi Henri IV, et la chute des Seize, ainsi, tous ceux qui voyaient sans passion et sans préjugé, désiraient également le retour de l'Empereur, et l'expulsion des Bourbons. Je connais beaucoup d'hommes, de ceux qui n'avaient rien à perdre ni à gagner sous l'un ou sous l'autre de ces gouvernemens, mais de ceux aussi dont le cœur est plein de l'amour de la patrie, qui n'ont pas dormi pendant tout le temps qu'ils ont cru le succès de Napoléon douteux : c'est l'opinion de ces vrais citoyens qu'il faut consulter.

Si Napoléon était resté à l'île d'Elbe, disaient-ils, le gouvernement des Bourbons n'eût pas été tout-à-fait insupportable, parce qu'il leur servait comme d'épouvantail, et les empêchait d'attenter trop ouvertement aux droits de la nation. Quoiqu'ils n'eussent pas la vue longue, ils s'apercevaient bien qu'une réaction n'était pas impossible, et ils se tenaient sur le qui-vive. Mais s'il échoue aujourd'hui, ajoutaient-ils, nous sommes perdus, parce qu'aucun obstacle ne peut plus s'opposer aux entreprises du despotisme royal et religieux ; et de cette époque dateront les vexations arbitraires et tous les maux qui en résultent.

Napoléon est donc l'homme de nos besoins : il est, comme on l'a dit, le prince du siècle. Elevé au milieu des révolutions, il en a fait l'étude de toute sa vie : il a appris à connaître leurs principes, à suivre leurs développemens, à calculer presque mathématiquement leurs résultats. (1) Il s'est appliqué à deviner les

____

(1) Celle qu'il vient de terminer en vingt jours en est une assez forte preuve.

hommes, à manier les esprits, à donner à son gré
un caractère à l'opinion ; science si dangereuse
lorsqu'on en veut faire un mauvais usage, mais
si véritablement utile à un gouvernant qui
n'a en vue que le bien de ses sujets. Comme il
a vu toutes les classes de la société, il a dû bientôt apprendre à les distinguer, et à les placer
chacune à leur rang. N'étant pas né prince lui-
même, il n'a point été nourri des préjugés absurdes des cours, et son savoir ne se réduit pas
à la vaine théorie qu'un précepteur enseigne
ordinairement à son royal élève.

Il n'a pas cru, par exemple, ni dû croire
avec l'abbé de Saint-Pierre, qui d'ailleurs était
si philanthrope. que « moins le peuple voit le
» roi et ceux qui le gouvernent, plus il est
» disposé à obéir ; que le fondement de la tran-
» quillité, c'est l'obéissance ; que le fondement
» de l'obéissance exacte et prompte, c'est le
» respect ; qu'un des fondemens du respect
» c'est la non-familiarité, et que la non-fami-
» liarité vient de l'éloignement. »

Telles étaient cependant les idées qu'on avait
autrefois de la royauté en France. Mais nous
ne voulons plus être gouvernés par un grand
Lama, qui ne se montre aux peuples qu'à certains jours, pour recevoir leurs adorations, et

qui, du reste, passe sa vie au fond d'une pagode
d'où il leur dicte ses oracles, toujours révérés
comme s'ils émanaient de l'Eternel lui-même.
La royauté a cessé d'être environnée de ce nuage
prestigieux que l'ignorance avait formé autour
d'elle. Le roi n'est plus que le premier des citoyens; s'il a droit à plus de respects, à plus de
prérogatives, c'est qu'il a aussi plus de devoirs
à remplir; et ce n'est que parce que Napoléon
a senti cette vérité, ce n'est que parce qu'il est
plus approprié à l'esprit des temps où il a été
appelé à jouer un si grand rôle, qu'il a réellement mérité le titre de prince du siècle.

Les hommes désintéressés qui ne l'ont pas vu
de bon œil reprendre le sceptre, n'ont donc
qu'une seule crainte : c'est que son penchant
pour les conquêtes ne l'emporte encore au-delà
des bornes, et qu'il ne dessèche une autrefois, par des guerres violentes, l'état qui, cependant, a tant besoin de se refaire. Il me semble,
à moi, que l'infortune a bien dû l'éclairer sur
le néant de ses entreprises gigantesques, qui
ont eu, pour son bonheur et celui de la nation,
de si funestes conséquences, et que son gouvernement de 1815 ne peut nullement ressembler
à son gouvernement de 1812. Ainsi, toutes les
présomptions qu'on pourrait former à cet égard

2 *

doivent être regardées comme fausses , jusqu'à ce qu'une funeste expérience nous ait démontré le contraire. Quand on choisit pour ministres des hommes comme Carnot, c'est qu'on n'a pas envie de faire le mal.

Et qui pourrait douter de sa bonne foi, lorsque, pour garantie de son administration , il nous donne la liberté de la presse, *non soumise à la censure* , comme la liberté de la charte? Une nation chez qui la pensée est libre dans sa circulation, n'a guères à craindre la mauvaise conduite de son chef , parce que la voix publique l'avertit sans cesse de ses fautes, et qu'il ne peut toujours mépriser cette voix, sans compromettre à la fin sa sûreté personnelle et ses intérêts particuliers. Un despote a beau être entouré de janissaires, la vengeance nationale finit tôt ou tard par l'atteindre; et, soit qu'il se cache au fond de son palais, soit qu'il ne paraisse jamais qu'avec tout l'appareil de sa puissance, il a toujours mille ennemis à ses côtés. La presse est un foudre qui écrase la tyrannie.

Je n'ignore pas que des gens oisifs ou mal intentionnés cherchent à répandre dans les esprits des terreurs imaginaires. Mais ils connaissent mal l'Empereur, et mesurent sa grande âme à leur petit esprit, ou ce n'est qu'avec l'intention sourde de lui susciter des ennemis qu'ils font semblant d'avoir des craintes qui n'ont aucun fondement. Napoléon veut le bien de la France, et personne plus que lui n'est capable de le faire.

Or, voyons maintenant ce que nous pouvions attendre du gouvernement paternel des Bourbons. Voyons s'il était possible qu'ils fissent le bonheur de la nation, et s'ils étaient réellement à la hauteur d'une pareille tâche. Je ne traiterai dans cette brochure que deux questions : *celle des vengeances, et celle de la propriété.* J'entrerai dans d'autres détails dans un ouvrage subséquent. Je serai trop heureux, si je parviens à fixer l'opinion, encore douteuse, de quelques-uns de ceux qui ne se déterminent à un choix que par des raisons d'utilité générale, et c'est à eux seuls que je m'adresse en confiance, parce que ce n'est point la passion qui dirige ma plume, mais l'intime conviction où je suis de la vérité de ce que j'avance.

Un vieux proverbe dit :

> . . . . *Regnabit sanguine multo*
> *Quisquis ad imperium venit ab exilio.* (1)

Et dans ses discours sur le premier livre de

(1) Le même vers ne saurait être applicable à l'Empe

Tite-Live, Machiavel écrit, autant que je puis m'en souvenir : « On doit tenir pour constant » que jamais vieilles injures ne s'effacent par de nouveaux bienfaits ; et tandis que l'offensé » existe, l'offenseur ne saurait jamais être en » sûreté. » Voilà une maxime dont auraient bien dû se pénétrer ceux qui, n'y ayant aucun intérêt, ont failli perdre la chose publique par leur engouement peu raisonné pour une famille proscrite si long-temps, je veux même ajouter si injustement persécutée.

Les Bourbons, en rentrant en France, ne pouvaient avoir oublié les outrages qu'ils avaient reçus de la nation. Leur plus douce pensée était donc de venger tous les maux qu'ils avaient endurés depuis vingt ans, et de faire de leurs ennemis un sacrifice sanglant aux mânes des membres de leur famille qui avaient péri sous la hache révolutionnaire, comme à ceux de leurs amis fidèles, qui avaient payé de

---

reur qui n'ayant point été exilé par le vœu général, n'a réellement d'ennemis que dans les cabinets étrangers. Ceux qu'il peut avoir en France, ne se composent que d'une poignée de traîtres que punit assez déjà le mépris public, sans qu'il ait besoin de tirer autrement vengeance de leurs perfidies.

leur tête le crime d'avoir voulu ressouder les fers dont la nation venait de se délivrer.

De vieilles habitudes, et l'erreur si commune aux princes de regarder comme leur propriété le pays qu'ils ont été appelés à conduire, leur faisaient envisager la France comme une sorte de domaine que leurs sujets tenaient d'eux à bail. Les termes du roi expliquent assez leurs principes en matière de gouvernement, lorsqu'il dit dans le préambule de sa charte : « Nous avons considéré que, bien que l'autorité toute entière résidât en France dans la personne du roi, nos prédécesseurs n'avaient point hésité à en modifier l'exercice suivant la différence des temps ; que c'est ainsi que les communes ont dû leur affranchissement à Louis-le-Gros.... etc. »

Ces termes sont précis, et font assez voir qu'ils se croyaient maîtres de disposer à leur gré de l'état qu'ils allaient gouverner, et de lui donner telles formes constitutives qui s'accommoderaient le mieux à leur manière de voir, sans que personne n'eût le droit de leur demander compte de leurs actions, et de la même manière qu'un propriétaire peut donner au champ qui lui appartient, telle culture qui lui paraît la plus convenable à ses intérêts.

Ils ne se regardaient donc que comme expropriés par la violence d'un bien qui leur appartenait, et qu'ils ne tenaient que de Dieu seul. Quoiqu'un long exil leur eût assez fait perdre l'espoir d'y rentrer jamais, ils n'en protestaient pas moins contre un peuple qu'ils accusaient de rébellion , et principalement contre tous les usurpateurs de leur pouvoir. S'ils portaient leurs regards dans le passé, et si parfois un rayon d'espoir venait briller à leurs yeux, c'est alors qu'ils se promettaient de tirer une vengeance exemplaire de l'attentat commis contre leur puissance, une vengeance qui pût servir de leçon à tous ceux qui seraient tentés à l'avenir de détrôner les rois.

A ce besoin intime de tirer une éclatante satisfaction des offenses passées, se mêlait encore un intérêt plus positif, parce qu'il était plus présent ; c'est que, tant qu'existeraient quelques - unes de ces têtes qui avaient osé méditer la révolution, ou qui avaient coopéré au renversement de la monarchie, ils ne pouvaient suivre sans danger les anciennes routes tracées par la tyrannie, parce que, soit sourdement, soit à visage découvert, ces hommes à caractère qu'on ne pouvait pas espérer de corrompre , devaient naturellement former une digue contre leurs invasions. Car on sait quel ascendant a sur le peuple tout apôtre qui vient lui prêcher des paroles de liberté :

Tum pietate gravem et meritis si fortè virum quem Conspexcre, silent, arrectisque auribus adstant.

Les victimes étaient donc désignées; et si on les laissait respirer encore, c'était pour mieux préparer le coup qui devait les anéantir. Le cœur paternel de Louis XVIII était trop vindicatif pour observer lui-même cet article de la charte qui promettait *d'oublier tous les votes et opinions émis jusqu'à la restauration, et qui ordonnait cet oubli aux tribunaux.*

Sans doute, M. de Montgaillard l'avait bien peint celui qui, au mépris de sa parole, va rechercher les opinions jusques dans le sein des sociétés savantes, essentiellement libres de leur nature. Il ne manquait plus, après en avoir chassé Carnot, que d'en chasser encore Lanjuinais, et de nommer en remplacement de Napoléon le duc de Berri ou le duc de Bourbon. (1)

––––––––––

(1) On a donné dans *le Nain Jaune* du 30 mars 1815, l'extrait d'une pétition apostillée entr'autres par le duc de Bourbon. Ce petit échantillon suffira pour donner une idée du savoir de son altesse. — Je pren beaucoup d'ain-térest au suxcès de la demande du comte de . . . . . Cet

D'après cet acte, illégal autant que contraire aux principes que Louis avait juré d'observer, qui pourrait douter qu'il n'ait eu la secrète intention, comme je l'ai dit, de se défaire peu à peu de tous les personnages dont les opinions n'auraient pas été favorables à ses vues? Il est évident qu'il avait dessein de corrompre l'opinion, par le moyen d'agens pervers et sans morale; et qu'insensiblement faisant prendre à la nation le change sur ses véritables intentions, il devait signaler comme ennemis de là chose publique ses ennemis particuliers : qu'alors, quand il aurait cru avoir suffisamment amassé l'orage sur leur tête, et pouvoir frapper sans danger, il eût consommé l'affreux sacrifice, et mis pour toujours la France aux fers.

---

officier jouint aux honorables titres qu'il reçouait de ses services et particuliérement de sa blessure, les services de son père et de son oncle, qui durant leur longue carrière et dans des places distingués, ont donné des preuves constantes d'aintrépidité, de bravoure, de zèle et d'attachement au service du roi.

Passy, le 14 août 1814

Signé Louis Joseph de Bourbon.

On a dit des Bourbons, qu'ils n'ont rien oublié ni rien appris. Je ne sais si Louis Joseph a jamais appris à écrire; mais ce qu'il y a de sûr c'est qu'il a oublié ce qu'il aurait su.

Pour arriver à ce but, l'on avait déjà organisé un système *quotidien* de calomnie qui, tout grossier qu'il était, n'eût pas manqué d'avoir tôt ou tard l'effet qu'on en attendait. De vils pamphlétaires, des journaux, corrupteurs éternels de la raison publique, étaient les principaux instrumens dont on devait se servir pour remplir les vues secrètes du monarque et de sa famille. Peu à peu l'on eût tari les sources des saines doctrines de gouvernement, l'on eût proscrit les idées libérales, comme attentatoires aux prérogatives royales, et l'on n'eût plus vu paraître sur l'horizon politique, que cette cohorte méprisable d'ennemis des lumières, qui n'avaient tant d'intérêt à altérer les principes de la vie sociale, que parce que ce n'était qu'en cherchant à ramener le peuple à la barbarie, qu'ils pouvaient espérer de rétablir leur crédit et leur pouvoir.

Vengeance, vengeance! tel était, encore une fois, le cri de ralliement des Bourbons en rentrant en France. Tout le prouve : cette espèce de scapulaire trouvé dans les effets que le roi oublia aux Tuileries, dans la nuit du 20 mars, lorsqu'il prit la fuite, et qui représentait, sur une médaille d'argent, d'un côté l'effigie de Louis XVI, et de l'autre une femme à genoux, tenant embrassée d'une main une urne posée sur un cype, et ombragée d'un saule pleureur, avec ces mots : *pleurez-le, vengez-le!* ce scapulaire, dis-je, qu'il paraissait avoir toujours porté sur lui comme un avertissement de la conduite qu'il avait à tenir, si jamais il rentrait en France, indique assez quelle était la dernière pensée de son cœur. Pour peu qu'on y réfléchisse, on voit combien étaient fondées les craintes de ceux qui ne se laissaient pas leurrer par des mots. Malgré l'échafaudage de sentimens nobles dont le roi affectait de se parer, leurs yeux clairvoyans n'en avaient pas moins aperçu la porte secrète, par laquelle il espérait bientôt s'échapper à la loi d'oubli qu'il n'avait eu l'air de s'imposer si franchement d'abord, que pour se faire un plus grand nombre de partisans, et se livrer plus facilement ensuite à ses projets *philanthropiques;* car il faut être roi comme Trajan ou Marc-Aurèle pour être capable de pardonner de bonne foi; et Louis-le-Désiré n'était que roi, sans être Trajan ni Marc-Aurèle.

Tout le monde connaît le propos de la duchesse d'Angoulême qui disait un jour au roi : *Ne guillotinerons-nous donc pas tous ces scélérats qui ont voté la mort de mon père? Pour moi, je ne saurais vivre dans un pays où l'on a la lâcheté de laisser dormir en paix ses assassins*. Voilà un mot (1) qui, en Tauride, aurait été mieux placé dans la bouche d'une prêtresse de Diane, qu'en France dans celle d'une duchesse d'Angoulême.

Et qui n'a ouï parler de même de l'affreux projet que l'on avait conçu de renouveler à Paris les vêpres siciliennes? Si nous n'avons pas été témoins de cette horrible boucherie, dont les royalistes purs avaient été chargés, c'est que la peur en fit manquer l'exécution; car c'est le caractère d'un gouvernement lâche et timide d'être en même temps cruel.

Le 21 janvier, jour des obsèques du feu roi, avait été choisi pour ce massacre. Tous ceux qui avaient voté sa mort, sincères ou non dans leur opinion, devaient périr, la nuit, sous le poignard des assassins. On devait envoyer dans les provinces des courriers, pour avertir les exécuteurs de cet ordre barbare d'exterminer en même temps ceux des conventionnels

---

(1) Je n'en affirme pas l'authenticité : mais, comme tout le monde l'a répété et qu'il était dans toutes les bouches, il n'y a pas de mal que je l'insère ici. Un gouvernement sous lequel de pareils bruits peuvent s'accréditer et prendre de la consistance, a dû nécessairement y donner lieu, n'importe comment; sans cela ces bruits tomberaient bientôt d'eux-mêmes.

dont on prétendait faire justice, et qui, depuis nombre d'années, vivaient paisiblement retirés chez eux. On prétend que le sieur B., que le gouvernement employa peu de temps après, en avait rédigé la liste. Ce dernier fait cependant n'est pas assez prouvé pour qu'on puisse en affirmer la certitude. Au surplus, c'était le tocsin qui, dans toutes les églises, devait donner le signal de cette expédition de cannibales, dont on ne connaît pas bien encore toutes les particularités. Ainsi les ministres d'un Dieu de paix et de clémence devaient sonner eux-mêmes l'heure de la vengeance; ils voulaient enfin satisfaire leurs penchans irrascibles, et aider des meurtriers royaux à plonger le couteau dans le sein de ceux qui avaient aussi détruit leur absurde empire, en renversant de son piédestal le colosse du fanatisme.

Que dira la postérité quand elle saura que c'est au dix-neuvième siècle que nous devions voir offrir, en sacrifice expiatoire, des victimes humaines, sur la tombe de Louis XVI, deuxième saint du nom; et que c'était le sang de ses sujets qui devait couler, pour apaiser les cendres du roi martyr? Elle frémira en apprenant que c'est à Paris même qu'on voulait renouveler ces scènes druidiques, ces mystères effroyables qui faisaient horreur au fanatisme même, dans l'antre de Thor. Depuis Phalaris jusqu'à Louis XI et Charles IX inclusivement, on n'avait jamais vu de pareilles atrocités ; et cependant c'est une famille dévote qui médite froidement cet infernal sacrifice, en même temps qu'elle s'occupe du rétablissement des congrégations religieuses, et particulièrement.... des jésuites. Pour rendre complète une aussi belle journée, il ne manquait plus que de faire l'apothéose de Marie-Antoinette. Il est vrai qu'il fut question d'en parler au pape, et qu'on balança long-temps si l'on ne devait pas livrer d'avance , à l'adoration des fidèles, le vieux bas de laine de cette nouvelle sainte, en le mettant provisoirement dans la châsse de la patrone de Paris. Dieu nous préserve à jamais d'un gouvernement paternel tel que celui de Louis-Stanislas-Xavier (1) !

---

(1) Pour ajouter encore à ce que j'ai dit ci-dessus, je vais transcrire ici un paragraphe de la lettre supérieurement écrite, que le ministre de la police a adressée aux préfets, et qui a été insérée dans tous les journaux du 4 avril dernier.

« Les principes de la police, dit-il , ont été subvertis ; ceux de la morale et de la justice n'ont pas toujours résisté à l'influence des passions. Tous les actes d'un gou-

Mais éloignons de nous un moment le tableau de ces vengeances ; persuadons-nous , s'il se peut, que le cœur du roi aurait été assez magnanime pour chercher à perdre le souvenir de cette horrible journée où son frère fut traîné sur l'échafaud , en présence de la nation rassemblée , et qui ne fit aucun effort pour l'arracher des mains de ses bourreaux.

Comment pourrait-on donner dans l'erreur grossière où paraissaient être tombées de si

------

vernement né de la trahison , ont dû porter l'empreinte de cette origine. Ce n'était pas seulement par des mesures publiques qu'il pouvait flétrir les souvenirs les plus chers à la nation , préparer des vengeances , exciter des haines , briser les résistances de l'opinion , rétablir la domination des priviléges, et anéantir la puissance tutélaire des lois. Ce gouvernement, pour accomplir ses intentions , a mis en jeu les ressorss secrets d'une tyrannie subalterne , de toutes les tyrannies la plus insupportable. On l'a vu s'entourer de délateurs , étendre ses recherches sur le passé , pousser ses mystérieuses inquisitions jusqu'au sein des familles , effrayer par des persécutions clandestines , semer des inquiétudes sur toutes les existences , détruire enfin , par ses instructions confidentielles , l'appareil imposteur de ses promesses et de ses proclamations. »

Je crois qu'il était difficile de dire plus de choses en moins de mots , et ce tableau est si frappant de vérité , qu'il fait trembler quand on y arrête ses regards.

bonne foi quelques personnes qui croyaient que les intérêts de la famille des Bourbons et de ses amis, pourraient aisément s'accommoder avec ceux de la France révolutionnaire? Comment pouvait-on penser que cette famille verrait un jour du même œil toute cette partie de la nation qu'elle avait entraînée dans sa chute, et celle qui avait au contraire coopéré à son renversement? Il fallait pour cela lui supposer une sorte d'ingratitude juste, il est vrai, en politique, mais trop opposée à ses vues pour que le peuple français pût raisonnablement l'espérer. La conduite qu'elle a tenue, depuis son entrée en France jusqu'à l'instant de sa fuite, a bien fait voir que cette manière d'agir n'entrait aucunement dans son système.

Une idée, commune à tous les rois ses prédécesseurs, et d'où devaient nécessairement partir toutes les fautes qui l'ont entraînée à sa perte, c'est que la première colonne du trône est la noblesse, et que sans elle la monarchie cesse d'exister. Cette idée, essentiellement vraie il y a quelques siècles, sous l'empire de la féodalité, et lorsque les seigneurs disposaient à leur gré de leurs vassaux, et les menaient à la guerre pour le service du prince, ou les retenaient dans leurs domaines, suivant leur bon plaisir ; cette idée, dis-je, est essentiellement fausse chez un peuple libre et philosophe, où tous les individus étant égaux devant la loi, et participant aux mêmes bienfaits d'un gouvernement protecteur, doivent aussi également concourir à sa défense. Là, le noble n'a que deux bras à offrir au prince comme le dernier des sujets.

Cette erreur cependant devait être la source de toutes les injustices dont le peuple, tôt ou tard, eût été la victime ; car tout ce qui n'était pas sorti de cette classe privilégiée devait lui être sacrifié, et son despotisme, pire cent fois que le despotisme militaire, qui du moins n'est pas avilissant, et peut produire quelques bons effets, eût commencé de l'instant où les citoyens sans titres auraient été assez divisés pour pouvoir être muselés.

Déjà cette noblesse était parvenue à cerner le trône, de manière à en défendre l'approche à tout ce qui n'était que plébéien. Elle était parvenue à faire croire au roi que ce n'était que par elle qu'il pouvait soutenir sa puissance, et qu'elle était le seul corps de la nation qui n'eût jamais cessé d'être vraiment attaché à la cause de sa dynastie. Nous seuls vous avons défendu au prix de notre sang, lui disaient-ils. Rendez-nous donc les honneurs , les prérogatives , les biens que nous avons perdus dans cette lutte, qui ne fut entreprise que pour le soutien de vos droits. Votre justice ne doit pas souffrir que nous soyons vainqueurs à notre tour , et que les vaincus seuls conservent sur nous les avantages de leur première victoire. . . . Et soudain l'on vit accourir du fond des provinces une nuée de personnages risibles, nobles ou soi-disant tels , dont le costume bizarre , les mœurs grotesques , et la morgue insoutenable prêtè-rent à la gaîté et aux sarcasmes des Parisiens, tant qu'ils n'eurent pas excité un autre senti-ment, celui de l'indignation. Il était bien naturel, ce sentiment, lorsqu'on vit que cette armée de Visigoths burlesques, qui ne ressemblaient plus à des Français , venait redemander des titres , des prérogatives , et dévorer la subsistance de l'Etat.

Il est vrai que le roi temporisait, et qu'il n'o-sait encore souscrire à des prétentions qu'il trou-vait justes : mais les temps ne lui paraissaient pas assez mûrs , pour tenter contre la nation un coup de main dont certainement il désirait ardemment le succès.

Recouvrer ses biens, tel était le premier vœu de la noblesse ; et le temps n'était pas éloigné où elle eût été satisfaite, quoique ce fût par ce dernier acte que le despotisme royal devait annoncer à la nation que la noblesse était tout, et que le peuple avait cessé d'être compté pour quelque chose dans la balance politique des droits que le pacte social assure à chaque individu qui s'y soumet.

En effet, à quoi tendait la conduite des ministres? quel était le but évident de leurs opérations? Les circonstances actuelles l'ont assez dévoilé. Les acquéreurs de biens nationaux avaient acheté des terres avec un peu d'argent et beaucoup d'assignats. . . . . Les ministres voulaient que ces terres leur fussent offertes à moindre prix encore ; ils ne prétendaient rien moins qu'à les reconquérir à leurs anciens possesseurs avec des phrases.

Pour ce faire , ils avaient commencé à miner sourdement le principe qui confirmait chaque nouveau propriétaire dans sa possession légalement acquise ; ils avaient rompu, par le moyen d'une ordonnance , les contrats de beaucoup d'entr'eux, dont les conditions , par quelque motif que ce fût , n'avaient pu être remplies. Ils avaient arrêté tout-à-coup la transmutation de ces sortes de propriétés , par la crainte habilement répandue de leur future instabilité. Ils 'aient intimidé les faibles , forcé les forts à concevoir des alarmes , de manière que les uns et les autres ne croyant plus leurs biens en sûreté , cherchaient à s'en défaire , n'importe à quel prix.

Le roi , sans doute , paraissait désapprouver ces pratiques; mais s'il était forcé de condamner ses ministres en public , ceux-ci n'agissaient au fond que d'après ses sentimens bien connus , parce qu'il est certain qu'aucun d'eux ne se fût de lui-même avancé si loin, s'il n'avait été sûr de l'approbation du maître.

Et quel homme est assez dupe pour se persuader que c'était de leur autorité privée que presque tous les curés des campagnes brodaient leurs saintes homélies sur le modèle que leur avait offert celui de Savenai ? Qui croira du moins que l'on n'eût pu arrêter le cours de ces prédications incendiaires , si l'on en avait eu l'intention? On ne me persuadera jamais que certains membres de la Chambre des Députés eussent hasardé des motions du genre de celles qui ont été faites dans cette très-illustre assemblée, si leur motif n'avait pas été d'inquiéter les acquéreurs. On ne me persuadera pas plus que le ministre Ferrand eût osé prononcer certain

discours , si une autorité supérieure n'en avait
pas fourni le sommaire.

On doit dire , à la vérité , que ce discours
ayant causé de violentes rumeurs à Paris et dans
les départemens , le roi fit publiquement désa-
vouer , dans tous les journaux , quelques jours
après , l'esprit dans lequel il avait été dicté. Je
n'ignore pas aussi que , dans le sein même de
la chambre , M. Ferrand trouva beaucoup de
contradicteurs. Mais toutes ces difficultés qu'on
eut l'air de lui faire étaient de convention ,
comme les débats qui eurent lieu relativement
aux amendemens à apporter à la loi sur la liberté
de la presse. Cette feinte lutte d'opinion n'était
qu'un moyen dont on se servait pour trom-
per les bonnes gens qui s'imaginaient vraiment
que la chambre était libre de s'occuper franchement d'assurer à la nation ses droits im-
prescriptibles.

Quant à la démarche du roi, elle en impose
encore moins à ceux qui connaissent l'affaire du
marquis de Favras , et qui savent combien un
désaveu lui coûte peu , quand son intérêt ou la
crainte le lui commandent. Au surplus, malgré
ce désaveu , le mal était fait , puisqu'on avait eu
l'imprudence de jeter des défiances dans les
esprits , et qu'aucun acquéreur ne pouvait être

tranquille, tandis qu'un Bourbon serait sur le trône. Voilà comme, pour favoriser quelques milliers d'individus, on créa au roi, sans s'en apercevoir, dix millions d'ennemis irréconciliables, qui ne pouvaient réellement voir de sûreté pour eux que dans sa chute.

J'accorde même, pour un moment, aux apologistes du roi, que le gouvernement n'ait jamais eu l'intention secrète de revenir sur la vente des propriétés nationales, soit par un vrai sentiment de justice, soit qu'on craignît les vengeances de toute cette portion de la nation qui était intéressée au maintien de cet article de la charte constitutionnelle qui consacre que *toutes les propriétés sont inviolables, sans aucune exception de celles qu'on appelle nationales, la loi ne mettant aucune différence entr'elles.* Du moins, n'est-il pas permis de douter que ces inquiétudes qu'on avait cherché à répandre dans le peuple, n'aient eu pour motif de faciliter aux émigrés les moyens de rentrer, à peu de frais, dans les domaines dont un acte de justice nationale les avait dépouillés. Cette seule pensée était déjà un attentat affreux aux lois sacrées de la propriété; elle était un crime de lèse-nation, puisqu'on avait réussi à faire tomber les propriétés nationales à 75 pour cent au-dessous de leur valeur réelle, et qu'il était vrai qu'un propriétaire qui eût voulu emprunter mille écus, en offrant pour hypothèque un domaine, ci-devant seigneurial, de dix mille livres de rente, n'eût pas trouvé un seul prêteur qui eût consenti à lui compter cette somme.

Tout concourait à la fois à favoriser cette dépréciation. La prêtrise, qui forme et qui a toujours formé dans l'état une classe à part, dont les intérêts et les vues sont de fait diamétralement opposés à ceux de la société qui la nourrit, la prêtrise, dis-je, espérait qu'après la révocation des ventes des propriétés nationales, elle ne tarderait pas de même à recouvrer, avec ses propres biens, les droits vexatoires que la seule force de la raison lui avait enlevés.

Déjà, dans plusieurs provinces, les curés avaient parlé de la dîme, et l'on sait quel moyen, mille fois plus terrible que les garnisaires, ces vénérables citoyens employaient autrefois pour la percevoir, et pour satisfaire leur cupidité.

Ils avaient donc commencé à tourmenter les consciences, à prêcher adroitement sur certaines matières, à inquiéter les fermiers des acquéreurs, en leur refusant les secours de leur ministère, et en les menaçant de la damnation éternelle, s'ils payaient à leurs maîtres le prix de leurs fermes. J'ai connu même des paysans qu'on avait intimidés jusques là qu'ils se croyaient réellement obligés d'obtenir de l'ancien seigneur du domaine qu'ils cultivaient, la permission de remplir les engagemens qu'ils avaient contractés envers leur nouveau propriétaire. Qu'on juge des abus qui devaient nécessairement résulter de cet absurde état de choses.

On sent que pendant que les prêtres imprimaient ce mouvement dans les campagnes, les nobles, pour qui ils travaillaient, ne restaient pas eux-mêmes dans l'oisiveté. Ils parcouraient les communes, prêchaient à leur tour la révolte aux paysans, et les abusaient par de fausses espérances, en leur promettant de diminuer le prix de leurs baux, aussi-tôt que la justice du roi, disaient-ils, les aurait réintégrés dans l'héritage de leurs pères. Ces gens simples, peu habitués à comparer des idées, ne voyaient pas le piége qu'on tendait à leur crédulité, et se livraient d'eux-mêmes à leurs plus mortels ennemis.

Il reste donc prouvé que le roi avait dessein

d'exproprier (1) les acquéreurs des biens nationaux, qu'on travaillait sourdement à cet
œuvre d'anarchie, et que bientôt l'on eût em-
ployé la force, si l'on ne fût pas venu à bout
de cette entreprise par les voies d'insinuation,
et le système machiavélique qu'on avait adopté.

D'ailleurs, outre ce que j'ai dit que le roi ne
voyait que dans la noblesse l'appui dont il avait
besoin pour soutenir le despotisme du trône,
beaucoup de sentimens humains venaient encore prêter leur force à cette détermination
prétendue politique. Il fallait, comme je l'ai

---

(1) On a pu lire dans les journaux du 6 avril ce paragraphe. « Le comte d'Artois a fait l'éloge de cette révolte (du dépt. de l'Aveyron) dans plusieurs audiences,
et notamment dans celle où, s'adressant à une douzaine
de députés de la noblesse du Rouergue, il dit publiquement à M. de Bournazel : *Il faut laisser quelque puissance aux possesseurs actuels des places et des biens
nationaux ; mais je vous réponds de l'avenir.* Ces paroles si imprudentes, ajoute le journal, qui ont donné à
toute la France l'éveil sur le sort qu'on lui préparait,
avaient éloigné des Bourbons presque tout ce qui restait
de leurs anciens partisans. »

Je compte dans un prochain écrit rapporter des faits
d'une bien autre importance, et dont j'ai été le témoin
oculaire en Bretagne. Ces faits ne confirmeront que
trop la réalité de mes *Hypothèses*.

fait observer, qu'il récompensât dignement ceux qui avaient épousé, ou du moins qui avaient fait semblant d'épouser fortement sa cause.

Or, les chouans, les Vendéens et les émigrés de toutes classes et de toutes qualités, étaient bien nombreux, et le trésor était vide depuis long-temps. Cependant, attendu l'état actuel de l'Europe, et la direction qu'avaient prise les idées, la noblesse sans argent était bien peu de chose. Ce n'était donc pas avec des promesses seulement qu'on pouvait lui rendre son antique éclat. Il n'y avait qu'un grand acte d'autorité arbitraire qui pût trancher tout d'un coup la difficulté, et qui pût satisfaire à la fois tous les partis, excepté celui de la justice.

En conséquence, un beau matin, et quand l'occasion eût paru favorable à l'exécution d'un si noble projet, on aurait vu paraître, dans *le Moniteur*, une longue ordonnance, signée Louis, plus bas Dambray, et datée de la vingt-unième ou vingt-deuxième année du règne de notre bon roi, laquelle eût enjoint aux nouveaux propriétaires de déloger sans tambour ni trompette, et de céder le champ, fécondé par leurs sueurs, à une poignée de factieux qui avaient déchiré le sein de leur patrie, et qui n'y étaient rentrés, après un exil de vingt ans, que pour y rapporter avec eux les préjugés, l'ignorance et l'esclavage.

Telle était évidemment la conduite que devaient tenir les Bourbons, s'ils fussent restés deux ans de plus en France, et l'on voit quel en eût été l'inévitable résultat : car il est évident que dix millions d'hommes ne se fussent pas laissé dépouiller par une poignée d'émigrés sans chercher à se défendre, et qu'on se fût battu à outrance de part et d'autre. Notre triste patrie eût encore une fois été livrée aux horreurs de la guerre civile, dernier terme de son existence politique, puisque ses ennemis n'attendaient que ce moment pour la démembrer.

CONCLUSION.

J'en ai dit assez, je crois, pour faire pressentir une partie des maux qui devaient être la conséquence immédiate du règne paternel des Bourbons. J'en ai dit assez pour faire entrevoir que leur gouvernement faible et sans consistance devait nécessairement provoquer la dissolution du pacte social, puisque ce gouvernement n'était fondé que sur des ruines, et qu'il n'était qu'un composé d'élémens décidément hétérogènes.

Heureux, si mes compatriotes sentent aussi vivement que moi le besoin de s'unir pour chasser, bien loin de nous, quiconque voudra nous rendre à la glèbe, nous qui avons été les maîtres de l'univers; quiconque voudra nous ranger encore sous la domination avilissante des castes privilégiées! Heureux, si nous sentons tous également la nécessité d'exterminer tout ennemi qui voudra réduire des Français à la condition d'Ilotes !

Et quel est le vrai citoyen qui ne s'est pas convaincu, durant les dix mois de honte que nous avons passés sous la férule de cette famille, que l'opinion vient d'exiler pour la seconde fois, que jamais ses intérêts ne pourraient s'accorder avec les nôtres, et que la servitude qu'elle nous préparait au-dedans, n'aurait fait qu'augmenter au-dehors l'ignominie dont nous étions couverts à la face du monde? Qui n'a pu se convaincre que notre belle France, si noblement maîtresse de l'Europe il y a quelques jours, allait irrévocablement subir le joug de l'étranger? Qui n'a pas senti que nos *libérateurs* n'étaient réellement venus jusques dans le sein de la capitale que pour nous réduire en province ; que la France, dans la balance politique de l'Europe, ne pouvait plus même servir de contre-poids au petit royaume de Wurtemberg ou de Westphalie, et que Louis XVIII n'était qu'un proconsul envoyé par ses protecteurs pour nous humilier?

Français, c'est un devoir pour nous de nous rallier tous autour de l'autel de la patrie! Là, jurons tous de nous ensevelir plutôt sous ses décombres que de souffrir qu'on ramène jusques dans nos murailles des rois imbécilles que l'opinion et la conscience de leur ineptie ont proscrits pour jamais.

Un seul homme nous a tirés de l'abîme où nous allions être engloutis. Ne permettons pas que, sous le prétexte de lui faire la guerre, nos prétendus alliés viennent ravager nos provinces et nous assujettir.

Il est certain que Louis va chercher à soulever de nouveau les puissances contre la nation française, pour tâcher de ressaisir l'empire qu'il a perdu, ou, puisque cela est impossible, pour la punir d'avoir osé détrôner sa faiblesse. Mais en supposant que ses intrigues, que celles de l'Angleterre, viennent encore à bout de conjurer l'Europe pour nous ravir le prince de notre choix, saisissons nos armes, tenons - nous debout autour de lui, et montrons au monde que nous n'avons pas cessé d'être la grande nation.

Pourrions-nous sans honte souffrir qu'on vînt nous donner malgré nous des rois, à nous qui en avions placé sur presque tous les trônes ?

Craignons surtout, craignons de nous laisser surprendre par les perfides insinuations de ces lâches ennemis de la liberté publique, qui ne cherchent à séparer la cause du peuple de celle du prince, que pour mieux affaiblir le prince et le peuple, et qui tâchent ainsi, par un dernier effort, de soutenir encore ce sceptre royal que nous avons si heureusement brisé pour toujours. Ne craignons plus, comme ils voudraient nous le faire croire, que l'Empereur veuille nous donner un gouvernement militaire. Il nous a promis une constitution libérale ; il ne peut mentir à sa parole sans se déshonorer. Il doit être las de vaincre, et ne doit plus aspirer qu'au repos. Que pourrait-il ajouter à sa renommée militaire, cet homme géant qui malheureusement a gagné assez de batailles pour illustrer trente hommes qu'on appellerait aussi des héros ?

Il ne manquait qu'un seul titre à sa gloire ; le plus beau de tous, celui d'avoir assuré la liberté d'un peuple qui lui avait confié ses destinées. Mais Napoléon n'a pas de demi-cou-

ceptions ; il a promis de faire notre bonheur.
Il le fera , car il est fort ; et après le Champ-
de-Mai, la France, en le comblant de béné-
dictions, dira : « Il était grand, comme Alexan-
dre, dans les batailles, il fut philosophe, comme
Lycurgue, quand il crût sa patrie assez mûre
pour recevoir le bienfait de la liberté ! »

FIN.

De l'Impr. de CHARLES, rue Thionville, n° 36.

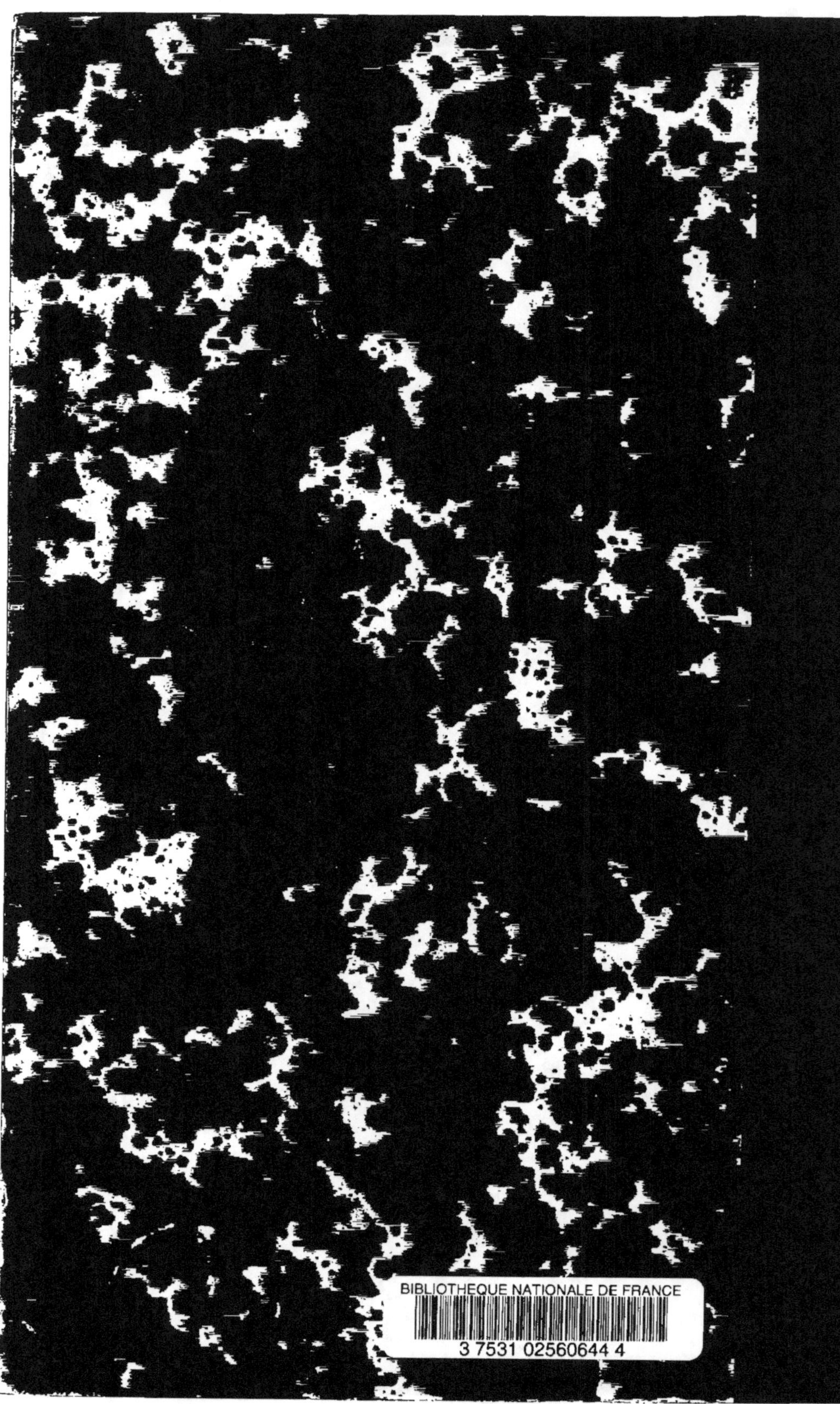